AF349610

LE COMPTE ADMINISTRATIF

DE 1865

ET

LE PROJET D'ACHÈVEMENT DE L'HOTEL-DE-VILLE

Bien que la voltige exécutée par M. de Bismark sur la corde politique ne soit pas moins curieuse que les évolutions de Blondin, le funambule du Niagara, nous devons néanmoins détourner un instant nos regards de ce spectacle de gymnasiarque pour les reporter sur nos affaires locales.

Le 27 juillet, M. le Maire a déposé sur le bureau du Conseil le Compte administratif de 1865.

Ce document, qui n'a, d'ordinaire, que la signification d'un fait accompli, a acquis cette année — en vue de l'avenir — une importance inusitée par les conclusions de la Notice qui lui sert d'introduction pour la première fois. Dès lors, le Compte administratif de 1865 réclame une attention plus grande que celle accordée jusqu'ici au Compte des exercices antérieurs.

La Notice-préface est divisée en deux parties. Nous ne nous arrêterons pas sur la première, qui ne renferme que des considérations d'un faible intérêt; mais nous étudierons avec soin le système de numération développé dans la seconde, parce que ce système est une véritable innovation.

Rejetant la triple division traditionnelle des Comptes et Budgets en recettes et dépenses ordinaires, extraordinaires et supplémentaires, l'honorable écrivain de la notice, a classé les recettes et les dépenses seulement en deux catégories, qu'il a appelées *normales* et *spéciales*. « Les premières, dit-il, se représenteront toutes les années, tandis que les secondes seront réellement accidentelles ».

Or le but, que l'auteur de ce système s'est proposé par cette innovation, a été de pouvoir ranger au nombre des recettes et des dépenses ordinaires un certain nombre de recettes et de dépenses extraordinaires et supplémentaires qu'il considère comme purement ordinaires.

Sans doute, ce système n'offrirait aucun inconvénient, si la notice avait désigné, à l'attention du lecteur, et chacun des articles élémentaires qui concourent à la formation de son total des recettes normales, et chacun de ceux qui tendent à la composition de son montant des dépenses de même nature. Mais, si cette condition a été minutieusement observée pour les recettes, il n'en a pas été de même pour les dépenses, de l'aveu même du document : « *Je ne vous donnerai pas*, dit-il, *le détail des* « *chiffres nombreux qu'il est nécessaire d'aligner*, pour arriver « à démontrer cette assertion qu'en l'état des recettes normales « de la commune, il était possible d'économiser 5 à 600,000 fr. « par an. *Je me contenterai de vous indiquer le système*, dont je « me suis servi, pour arriver, par la comparaison des recettes et « des dépenses classées par leur nature propre, à faire ressortir « cette économie. »

Ainsi, le document le déclare lui-même. Afin de retrouver les sommes partielles qui lui ont servi à former son chiffre des dépenses, il nous faudrait *combiner* entre eux les 382 articles du titre 2 du compte administratif. Travail trop fastidieux, on en conviendra, pour ne pas rebuter la patience la plus robuste.

Dès lors, la réfutation et le contrôle, par le système lui-même, ne sont-ils pas impossibles ?...

Combien est autrement simple et facile le mode d'après lequel procède le Conseil d'Etat, lorsqu'il veut s'assurer de l'exacte situation financière d'une commune ! Ce mode normal consiste à comparer tout simplement les recettes et les dépenses ordinaires du compte, en introduisant dans le calcul les seules recettes et les seules dépenses extraordinaires relatives à la dette *consolidée*.

Telle est la méthode rationnelle que le Conseil d'Etat a notamment appliquée dans les Exposés des motifs de nos trois emprunts cinquantenaires. Aussi, a-t-on peine à concevoir comment il se fait que l'honorable écrivain de l'introduction au Compte administratif ait cru devoir s'écarter de ces principes. — Si, dans son opinion, il existe des recettes et des dépenses extraordinaires et supplémentaires qui soient essentiellement ordinaires *(chose que nous sommes prêt à reconnaître avec lui !)*, pourquoi M. le Maire, lors de la votation du budget de 1865, n'a-t-il pas proposé au Conseil Municipal, une rédaction nouvelle des trois chapitres de chacun des deux titres ? On aurait ainsi classé dans le premier chapitre tous les articles des deux derniers, que la discussion aurait fait reconnaître comme lui appartenant; et aujourd'hui — pour pouvoir apprécier la situation au 31 décembre dernier — nous n'aurions qu'à suivre la règle du conseil d'Etat... nous ne serions pas en présence d'appréciations purement individuelles.

Toutefois, tout en reconnaissant avec la Notice qu'il existe. dans les recettes extraordinaires, certains articles qui sont, par leur répétition annuelle, des articles de recette ordinaire, nous sommes fort loin d'adopter le classement tout entier qu'elle présente. C'est ce que nous allons démontrer.

RECETTES

La Notice a formé le montant des recettes normales en additionnant les données suivantes :

1° Le chiffre des recettes ordinaires du compte.....	F.	11,143,360 44
2° Les articles 36, 37, 38, 39, 42, 43, 44, 47, 48, 49, 50 et 62 des recettes extraordinaires........		1,900,769 14
3° Les articles 2, 3, 4, 5, 6, 7, 8, 9, 11, 12, 13. 14, 17, 19, 20. 21, 25. 27, 29, 33. 34, 35, 39, 40, 42, 43 et 44 des recettes supplémentaires.....		89,537 41
Total.........	F.	13,133,666 99

Mais, de ces divers articles des recettes extraordinaires, nous n'admettons que les n⁰ˢ 36 et 37 ayant trait au service des intérêts du Canal, et les n⁰ˢ 50 et 62 concernant la redevance de la C⁽ⁱᵉ⁾ des Docks et celle de la C⁽ⁱᵉ⁾ du Chemin de fer, ensemble 1,307,171 f. 33 c., qui, soustraits des 1,900.769 f. 14 c. ci-dessus. donnent une différence de..... F. 593,597 81

Quant aux divers articles des recettes supplémentaires, nous les récusons tous. soit...... 89,537 41

Total récusé.....	F.	683,135 22	683,135 22

Resterait donc pour le chiffre exact des recettes normales, ci........................... F. 12,450,531 77

Ce chiffre établi, il nous reste à légitimer nos récusations.

Nous récusons d'abord l'article 38 des recettes extraordinaires, parce qu'il est relatif aux sept centimes et demi affectés au service de l'emprunt de 9 millions, lequel emprunt, on le sait, n'a pas encore été réalisé. Les voies et moyens dudit emprunt n'ont donc pas encore leur objectif, ou pour mieux dire leur contre-valeur propre, dans l'article 118 des dépenses libellé. « *Intérêts et partie du capital des emprunts contractés à divers titres.* » Dès lors peut-on logiquement considérer le produit des sept centimes et demi 329,904 fr. 63 c.) comme spécial au service de la dette *consolidée* ? Dès lors, l'article 38 des recettes n'a-t-il pas été incontestablement, pour 1865, une pure recette extraordinaire, une aubaine, une bonne fortune ? — La Notice n'aurait donc pas dû l'introduire dans les recettes normales, cette insertion pouvant produire une illusion regrettable.

Nous devons faire la même observation : 1° Quant au complément (198,025 fr. 37 c.) de l'annuité (528,930 fr.) de ce même emprunt ; 2° Quant à l'annuité totale de l'emprunt Rothschild, lequel, réalisé seulement en juin 1865, a vu refluer le paiement de son premier semestre ou de sa demi-annuité (228,000 fr.) au mois de janvier dernier, ainsi qu'il conste par l'article 84 des dépenses supplémentaires côté *néant*. C'est donc là encore une somme de 456,000 fr. qui, bien qu'à puiser dans les recettes ordinaires, constitue à proprement parler, pour l'exercice 1865, une vraie recette extraordinaire, une vraie bonne-fortune et non une recette ordinaire, attendu qu'à partir de 1866, c'est-à-dire de l'exercice courant et pendant 50 années, cette partie du revenu aura sa contre-valeur comprise dans l'article 118 des dépenses causé « *Intérêts et partie du capital des emprunts contractés à divers titres.* »

En conséquence 1866 n'aura pas (comme 1865) cette aubaine, ce boni de 456,000 fr. ; et 1867, probablement, aura de moins encore les 528,930 fr., devant former l'annuité de l'emprunt de 9 millions — soit en totalité 984.930 fr., — puisque, de l'aveu de M. le Maire lui-même, la négociation des 9 millions doit forcément avoir lieu d'ici à 1870.

Notons encore que, dès 1869, la taxe additionnelle sur les farines devra légalement prendre fin. En effet, dans le rapport de la loi des 54 millions au Corps législatif (4 juin 1861), on lit : « Ce disponible comprend dans ses éléments une taxe sur les « farines qui produit environ 940,000 fr. par an *(aujourd'hui* « *1,034,234 fr. 89 c.)*. Or cette taxe n'est plus autorisée que « pour SEPT années *(le rapport date de* 1861), et une jurispru- « dence SÉVÈRE du Conseil d'Etat, dans des occasions récentes, « ne permet pas de supposer que la perception puisse se conti- « nuer après le terme qui lui est assigné. » *(Annales du Sénat et du Corps législatif,* 1861. Annexe 2, page 173, 1re colonne).

A propos de la taxe additionnelle des farines, il y a lieu de remarquer la diminution de 63,253 fr. 52 c. qu'elle a présentée en 1865, comparativement à 1864, lorsque la surtaxe sur les vins a, au contraire, produit une augmentation de 92,950 fr. 24 cent. — Nous pensons qu'il est du devoir de nos Édiles de rechercher les causes du résultat *inverse* de ces deux branches similaires ou mieux parallèles du revenu.

On a compris que ces dernières remarques ne sont que des réflexions en vue de l'avenir ; car, pour ce qui concerne l'exer- cice 1865, nous n'avons récusé, *de ce qui est relatif aux em- prunts,* que le montant de l'article 38 spécial à l'emprunt non réalisé de 9 millions. — Nous ne voulons rien exagérer, nous voulons seulement dresser le bilan exact de l'année 1865, de manière à nous garder de toute illusion compromettante.

Ces observations faites, donnons maintenant les motifs de nos récusations concernant les articles 39, 42, 43, 44, 47, 48, 49 et 59 des recettes extraordinaires — comme recettes ordinaires.

Est-il logique de considérer comme normales ou permanentes des sommes dont la recette a été 6, 10 et même 18 fois plus forte que les prévisions du budget ? Ne sont-ce pas là les véritables signes distinctifs d'une recette extraordinaire ? Aussi bien, tous les articles en question sont trop sujets chaque année à varier profondément, pour pouvoir constituer des recettes ordinaires naturelles. Donc, pour s'entendre à ce sujet, il faudrait que le Conseil engageât une discussion approfondie sur chacun des susdits articles à l'époque du budget primitif de chaque exercice.

Quant à notre récusation *complète* des articles des recettes supplémentaires classés par la Notice comme recettes ordinaires, nous l'estimons aussi fondée et aussi rationnelle. En effet, de quoi se composent les 89,537 fr. 44 cent. distraits par le document que nous étudions ? Principalement, des *restes à recouvrer* de 1864. — Mais alors ces restes n'ont-ils pas été une pure aubaine, une bonne-fortune pour 1865 ? Si toutes les recettes de 1864 avaient été entièrement effectuées au 31 décembre de cet exercice, est-ce que 1865 en eût joui ?

On nous opposera peut-être que chaque exercice laisse à son subséquent des restes à recouvrer. Nous n'en disconvenons pas ; mais, comme il y a là une fluctuation forcée, les caractères de l'extraordinaire ne sont-ils pas frappants ?

Nous opposera-t-on, en outre, que, dans les 89,537 fr. 44 c., il y a non seulement des restes à recouvrer, mais encore des recettes nouvelles ? C'est vrai ! Mais quelles sont ces recettes supplémentaires nouvelles classées comme des recettes ordinaires ? Ce sont : une vente de 22 exemplaires du catalogue de la Bibliothèque ; une autre vente d'objets divers provenant de l'ameublement du Muséum ; un concours des propriétaires riverains à un égoût du chemin de la Madrague ; un remboursement de travaux d'assainissement à l'occasion de l'épidémie ; enfin, la moitié environ du rachat des marchés couverts.

Eh bien ! tout cela, par l'énonciation même de son objet, ne constitue-t-il pas encore des recettes purement extraordinaires, et non des recettes ordinaires ?

On le voit, en dehors de la méthode rationnelle suivie par le Conseil d'Etat pour connaître de la situation financière d'une Commune , il n'y a plus de règle... Nous n'avons devant nous que les appréciations purement personnelles de l'auteur de la Notice.

Tel est l'ensemble de nos remarques sur les recettes normales, ainsi que les établit l'introduction au Compte administratif de 1865. Examinons à présent son décompte des dépenses.

DÉPENSES

Au début de cette étude, nous avons dit que, de l'aveu même de la Notice , les dépenses n'avaient point été détaillées par elle d'une facon explicite, comme pour les recettes. Le document, en effet, ne nous fournit que son chiffre total des dépenses normales 12,458,549 fr. 50 centimes, après nous avoir fait la déclaration que voici :

« J'ai compris dans les dépenses spéciales, principalement, les « *remboursements d'emprunt*, les à-compte payés sur les acquisi- « tions de terrains et sur les grands travaux spéciaux et les in- « demnités pour dommages du fait de la Ville. »

Quels sont donc ces remboursements d'emprunt que l'on voit figurer dans cette déclaration ?

Ici nous sollicitons toute l'attention du lecteur.

Dans l'impossibilité de suivre le document pas à pas dans sa composition des dépenses spéciales , nous avons tâché de nous rendre compte de leur montant au moyen de la méthode du Conseil d'Etat, que nous appliquerons dans un instant. Or, cette méthode rationnelle et normale nous a conduit à cette conclusion que l'article du remboursement des emprunts n'est pas un article de dépense spéciale, comme l'estime l'écrivain de la Notice, mais bien une dépense normale... de 2,441,000 fr. Que l'on veuille bien noter l'importance de ce chiffre !

Quel est l'objet des dépenses désigné par ces mots par trop généraux : « Remboursements d'emprunt ? » Quel est l'article du compte qui a trait à cet objet ?

L'article du compte est le n° 123, effectivement causé « Remboursement d'emprunts. »

Quant à l'objet du remboursement, il ne peut pas être autre chose que la partie annuellement remboursable de la dette ancienne en capital. — En capital, entend-on bien ?

En effet, à l'exception de l'article 118 : « *Intérêts et partie du capital des emprunts contractés à divers titres,* » aucun autre des 382 articles des dépenses générales ne saurait avoir trait au remboursement du capital de l'ancienne dette.

Or, sait-on de quels éléments se compose l'article 118 ?

D'abord, des annuités des emprunts cinquantenaires, soit des annuités de la dette nouvelle ; *secondement,* des intérêts PURS de l'ancienne. Tels sont les seuls éléments de l'article 118.

Nous pouvons d'ailleurs le prouver, en détaillant, ici même, la composition dudit article au budget primitif de 1866. Car, on en conviendra, cette composition peut aussi bien servir de canevas, ou de calque, pour la composition du même article au compte administratif de tous les exercices passés et futurs.

TABLEAU.

Composition de l'article 118 des dépenses d'après le Budget de 1866.

DETTE NOUVELLE.

Déduction faite de la partie amortie au 31 déc. 1865... ci fr. 904, 106, 81......	37,542,000. » Annuité à 5 f. 604	2,103,875. »
	29,803,893.19 » 5 f. 78	1,722,721.30
	67,345,893.19	3,826,596.30

DETTE ANCIENNE.

Au 31 décembre 1865....	21,450.000 » Intérét sans autre	1,027,375. »
	88,795,893.19	4,853,971.30
	Frais éventuels des emprunts....	5,028.70
Art. 118 du Budget de 1866.		4,859.000. »

On le voit, le remboursement du capital de l'ancienne dette n'entre jamais pour rien dans la constitution de l'article 118 des dépenses : Les intérêts seuls de cette dette en font partie, de concert avec les annuités de la dette nouvelle,

Par conséquent — comme le libellé d'aucun autre des 382 articles du compte des dépenses générales ne peut s'appliquer au compte-Capital de l'ancienne dette — c'est, bien et dûment, l'article 123, causé « Remboursement d'emprunts, » qui a trait au remboursement du capital de ladite dette ancienne.

Mais, la vieille dette ne devant s'éteindre qu'en 1880, c'est-à-dire que dans 15 années à compter de 1865, il est logique et rationnel que, d'ici à 1880, l'article 123 soit considéré comme un article des dépenses normales ou permanentes, ainsi que nous le démontrons, et non comme un article des dépenses spéciales ou *éphémères*, ainsi que le professe la Notice par sa déclaration :

« J'ai compris dans les dépenses spéciales, principalement, les REMBOURSEMENTS D'EMPRUNT, etc. »

Disons plus! Si, conformément aux prescriptions de la loi des 54 millions, la dette de la Ville avait été unifiée au lieu d'etre géminée en ancienne et nouvelle, n'est-il pas évident que l'article 123 du compte aurait cessé de figurer depuis 1862 ? N'est-il-pas évident, dès lors, que ce même article 123 serait aujourd'hui compris dans l'article 118, lequel représente les annuités, c'est-à-dire l'amortissement et les intérêts de la dette nouvelle principalement. Donc, l'article 118, de l'aveu même de la Notice, étant une dépense normale, l'article 123, son congénère, est pareillement une dépense normale. Dès lors, le document fait positivement erreur, en rangeant l'article 123 dans les dépenses spéciales, attendu que, concurremment avec l'article 118, il a trait au service de la dette *consolidée*.

Au surplus, il y a un moyen simple de prouver que l'article 123 des dépenses est relatif et uniquement relatif à la partie annuellement remboursable jusqu'en 1880 de l'ancienne dette en capital. Au 1er janvier 1865, la vieille dette s'élevait à 23,850,000 francs, d'après l'Exposé financier du 19 décembre 1864, et au 31 décembre dernier, elle se trouvait réduite à 21,450,000 fr., d'après les données du Budget primitif de 1866. Or, la différence 2,400,000 francs est précisément le montant des prévisions inscrites à l'article 123 du Budget primitif de 1865 ; à savoir, pour

Le Canal.........	Loi du 7 août 1839.	F. 450.000
dito	Loi du 3 août 1844.	350.000
dito	1° Loi du 10 juin 1854.	600.000
L'ancien Lazaret et le Palais Impérial 2°	— — —	»
La Rue Noailles...	Loi du 21 juin 1859.	1,000.000

Ensemble 2,400.000 fr.

De tout cela, il ressort que les dépenses normales doivent être décomptées ainsi qu'il suit, en s'inspirant des principes qui servent de règle au Conseil d'Etat lui-même :

Le chiffre total des dépenses ordinaires, d'après le compte administratif,
étant de.......................... F. 5,865,482.24

Il faut ajouter à cette somme le service total de la dette
consolidée (7,010,781 fr. 10 cent.) représenté
par :

1° L'article 118 des dépenses extraordinaires « Intérêts
et partie du capital des emprunts contractés à
divers titres », soit le service de la dette nouvelle principalement........... 4,569,781.10

2° L'article 123 de ces mêmes dépenses
« remboursement d'emprunts »,
soit la partie exigible du capital
de l'ancienne dette............ 2,441,000. »

                                            7,010,781.10

Et on a pour le montant des dépenses normales..... 12,876,263.34

Mais précédemment (page 6), nous avons arrêté les
recettes de même nature à.................. 12,450,531.77

Il résulte , dès lors, dans les recettes normales un
déficit de.......... .... F. 425,731.57

Et non un **excédant** de 675.117 f. 49 c. , comme l'indique la notice
préface du Compte Administratif.

On nous rendra cette justice de n'avoir procédé à ce décompte
qu'avec le sincère désir d'arriver à l'exacte vérité. — Les minu-
tieux détails, dans lesquels nous sommes descendu, afin d'éclai-
rer notre religion et celle de nos lecteurs, témoignent que notre
étude est un travail consciencieux, et que toute idée préconçue
en a été écartée. — Cependant, si en établissant nos calculs et en
procédant à nos recherches , nous avons commis une erreur
(chose dont nous doutons, ayant pleine confiance en nos déduc-
tions), ce serait pour nous un motif de plus de regretter que la
Notice n'ait pas cru devoir être aussi explicite pour les dépenses
que ce qu'elle l'a été pour les recettes. Elle-même l'avoue !

Un déficit de 425,731 fr. 57 cent. dans les recettes normales au lieu d'un excédant de 675,117 fr. 49 c., telle est donc, sans rien exagérer, la situation financière que nous révèle l'étude attentive du Compte administratif de 1865, en nous présageant un avenir plus chargé encore. Or, observons-le bien, jusqu'ici la gravité de notre situation nous avait été dissimulée par la réalisation de nos gros emprunts cinquantenaires. C'est ainsi que le Compte administratif en question ne se balance par un excédant des recettes générales (*ordinaires, extraordinaires et supplémentaires*) s'élevant à 2,056,551 fr. 96 centimes, que... grâce aux 8 millions de l'emprunt Rothschild, précisément négocié en juin 1865 (*art. 36, chap. 3, titre 1er*). Aussi — qu'on ne s'y trompe pas ! — l'excédant à souhaiter n'est nullement celui des recettes générales : l'excédant à ambitionner est celui des seules recettes ordinaires sur les seules dépenses de même nature, parce que cet excédant est le seul baromètre exact et précis de la prospérité, de l'économie et de l'ordre dans les finances d'une Commune, comme dans les finances de l'Etat.

Peu enclin aux controverses qui n'ont pas une portée utile, nous nous serions abstenu de publier les réflexions qui précédent, si l'illusion que la Notice peut faire naître dans les esprits pouvait ne pas nous entraîner immédiatement dans un projet de construction trop colossal pour nos ressources présentes. Il était donc urgent, à nos yeux, de se livrer à un examen approfondi de l'introduction au Compte administratif de 1865, et d'en bien comprendre les conclusions : « J'avais promis, — « dit l'écrivain de ces conclusions, — j'avais promis ce résultat « annuel (650,000 fr.) dans mon Exposé de 1864. je suis heu- « reux d'avoir pu le réaliser. » Or, dans l'exposé de 1864, on

lit : « Je ne vous ai pas encore dit, Messieurs , comment j'es-
« pérais me procurer les trois ou quatre millions que , tous ,
« nous voulons employer pour notre Hôtel- de--Ville. C'est dans
« les EXCÉDANTS DE NOS RESSOURCES ANNUELLES *que je compte*
« *les prendre.* »

En effet, cette pensée fut traduite en fait dans le Budget primitif de 1865, art. 149 « *Prévision de crédit pour l'Hôtel-de-Ville* ,
500.000 *fr.* » Mais , différée puis écartée , ainsi qu'il appert par
sa radiation au Budget de 1866, on la voit se formuler itérative-
ment dans la péroraison de l'Exposé financier du 20 octobre
dernier : « ... Et maintenant (dit cet exposé) je vous demande la
« permission de vous rappeler le projet d'achèvement de notre
« Hôtel-de-Ville. — C'est une œuvre qui me tient plus particu-
« lièrement à cœur. »

Eh bien ! En toute franchise, nous croyons que c'est encore
cette même pensée qui *tacitement*, cette fois, a inspiré la préface — jusqu'ici inusitée — du Compte administratif de 1865.
Aussi, cette pensée a-t-elle été notre objectif durant tout le cours
de cet écrit.

Est-ce à dire pour cela que, dans la mesure de nos forces individuelles, nous soyons systématiquement opposé à la reconstruc-
tion de l'Hôtel-de-Ville ? Non, car l'idée est bonne et louable.
Mais nous sommes du nombre de ces esprits qui pensent qu'on
ne devra s'aventurer dans une œuvre — qui doit pour le moins
EGALER le nouvel hôtel de la Préfecture — qu'avec la certitude
que notre situation financière, déjà trop chargée, ne sera pas
aggravée davantage par de nouvelles surtaxes d'octroi et par des
surimpositions nouvelles. D'une part, les contribuables Marseillais
n'acquittent-ils pas, à cette heure et pour une période de qua-
rante à cinquante années, 29-38 (près de 30 pour cent du prin-

cipal des quatre contributions directes) rien qu'en centimes extraordinaires, tant communaux que départementaux ? D'autre part, tous les habitants de la Commune de Marseille riches et pauvres sans exception ! ne consomment-ils pas les substances alimentaires de première nécessité considérablement taxées et surtaxées : Les farines à raison de 29 et 24 fr. les mille kilogrammes, suivant qu'elles sont blutées ou non blutées ; le pain et le biscuit de mer, pour la farine qui y entre, à raison de 3 fr. 05 c. les cent kilogrammes ; le vin à raison de 5 fr. l'hectolitre ? — Dans une situation pareille, serait-ce sage que de brandir toujours la truelle et le marteau ?...

Au Conseil donc de vérifier et de prononcer si le système de classer les recettes et les dépenses en normales et spéciales, d'après les règles suivies par le Conseil d'Etat, ne prévaut pas sur le système *individuel* de la Notice qui lui a été présentée le 27 juillet dernier, en même temps que le Compte administratif de 1865 était déposé sur le bureau.

En d'autres termes, l'exercice 1865 s'est-il fermé avec un excédant, comme le professe l'introduction au Compte ; ou bien, s'est-il clos avec un déficit, comme nous l'estimons ?

Plus simplement encore, l'article 123 — relatif au remboursement du Capital de l'ancienne dette jusqu'en 1880 — a-t-il été une dépense *spéciale* ou une dépense *normale* de 2,441,000 fr. en 1865 ?

Là est le nerf de la question !

HENRI MOURCHOU

Marseille, août 1866.